DÉDIÉE AUX MEMBRES DU PARTI CONSERVATEUR

Le sort de la France est dans votre union intime,
Le triomphe des élections conservatrices est, dans une œuvre de
désintéressement, en faveur des campagnes !

Si vous ne faites rien pour Elles, Elles ne feront rien pour vous, sachez-le bien.
Si vous avez l'air de les dédaigner, Elles vous paieront de la même monnaie, soyez en sûrs.
Natures bonnes et pleines de cœur et de générosité, Elles vous rendront au centuple ce que vous ferez pour Elles.

RÉPONSE D'UN PAYSAN
A SES DÉTRACTEURS

SUR

Son Projet d'établir une Société de Secours Mutuels à l'aide de la Gratuité des Mandats
de Sénateurs et de Députés, entre tous les Propriétaires-Cultivateurs d'un même
département, avec l'indication des Principales bases de l'Organisation de cette
Société et le nom des 237 Députés qui ont voté, le 26 juillet dernier, pour la gratuité.

Campagnes, si vous tenez à votre bien-être, à votre prospérité, au relèvement de la France, à sa grandeur, à ce qu'elle reprenne son rang dans le grand Concert Européen, et à un Gouvernement fort et respecté, n'accordez vos suffrages qu'au candidat partisan sincère des mandats *électifs gratuits*.

La *gratuité* qui doit empêcher les intrigants *communards* de parvenir aux chambres, n'a pour ennemi sérieux que l'*égoïsme*, qui est la négation du républicanisme, l'*égoïsme* qui est l'antipode du vrai désintéressement à la chose publique.

Pauvres et braves campagnards, peu importe aux intransigeants, ses soi-disants meilleurs amis du Peuple, que vous mouriez dans vos chaumières faute de secours *médicaux* et *pharmaceutiques*, pourvu qu'eux, surchargés d'honneurs rétribués, puissent vivre et s'engraisser à vos dépens.

Peisan paga, peisan crida é naoutrès s'amusan.

Tel est le mobile des agapes, des trincades et des Naquettades fraternelles dont ils vous régalent.

MARSEILLE
IMPRIMERIE ET STÉRÉOTYPIE T. SAMAT
Quai du Canal, 15

1875

PRÉFACE

Dans cette brochure, comme dans les précédentes, je continue à ne me faire l'écho d'aucun parti, excepté celui de la France et des besoins de nos pauvres et délaissées campagnes.

Français avant tout, jamais je n'ai eu d'autre ambition, dans mon infime sphère, que celle de chercher à être utile à mon pays et à le défendre de mes humbles efforts contre cette secte infernale et machiavélique qui a juré de la détruire par ses doctrines subversives et athéïstes et de la livrer ensuite, en proie à la plus sanglante des révolutions, aux mains des Prussiens et des Italiens, déjà coalisés à cet égard, du temps que la Russie et l'Autriche, unies de leur côté, songent à se partager la Turquie, déchirée par la révolution, comme le sera bientôt la France, si les partis conservateurs n'y prennent garde.

A qui la faute, à qui la terrible responsabilité, à leur impatriotisme, de n'avoir pas su faire à temps, devant les dangers dont la France est menacée par les agissements et les progrès toujours grandissants de l'esprit révolutionnaire, le sacrifice de leurs préférences et de leurs rancunes politiques.

Quand on a un Gouvernement aussi sage, aussi libéral que celui qui a pour chef l'Illustre Maréchal Mac-Mahon, à qui est échue la lourde et difficile charge de relever la Patrie de ses profonds malheurs, est-on fondé, n'importe sous quel prétexte, à l'ébranler par de puériles et sourdes divisions ?

N'est-il pas, au contraire, du devoir de tout honnête citoyen, imbu d'un véritable patriotisme, de lui prêter tout son dévoué concours pour l'aider à remplir, le mieux possible, la mission sacrée à lui confiée par la France et par la Société, de les préserver d'une nouvelle commotion anarchique.

C'est sous l'empire de ces patriotiques sentiments pour la France et de ceux philantropiques pour nos populations rurales que j'ai dû continuer mon modeste travail sur la Gratuité des Mandats Electifs et de mon Œuvre Nationale des Campagnes, œuvre qui m'a attiré, de toutes parts, de nombreuses félicitations, émanant des personnages divers : Ministres, Généraux, Conseillers d'Etat, Magistrats de tous grades, Députés de différents groupes, etc., etc.

En terminant, permettez-moi, chers lecteurs, de mettre sous vos yeux la lettre que l'un d'eux, l'honorable auteur de la proposition de la Gratuité du Mandat de Sénateur, M. Louis de Saint-Pierre (de la Manche), a daigné m'écrire. Cette lettre, comme toutes les autres que j'ai reçues, est trop encourageante pour que je ne livre pas à la publicité les quelques pages ci-après, que j'ose recommander à votre indulgence, à votre patriotisme et à votre attachement pour nos campagnes, et que j'ai soumises d'ailleurs à des Députés jouissant d'une grande autorité à la Chambre.

Je fais suivre la lettre du très-honorable Député de la Manche, M. Louis de Saint-Pierre, des noms des 237 de ses collègues qui ont voté, dans la séance du 26 juillet 1875, son amendement contre 352.

E. IMBERT.

A Monsieur E. Imbert.— Marseille.

MONSIEUR,

Je ne veux pas remettre davantage à vous remercier de la lettre que vous m'avez fait l'honneur de m'écrire et de l'intéressante brochure qui l'accompagnait.....

Je n'ai malheureusement plus l'espoir de réussir à faire passer ma proposition de la gratuité pour le mandat législatif, mais l'avenir n'a pas dit son dernier mot à cet égard. Je compte beaucoup sur le généreux appui des hommes tels que vous, Monsieur, et *sur tous les abus de l'indemnité appliquée à toutes les fonctions électives*. On s'apercevra alors que la *Démocratie* n'est rien si elle n'est synonyme de *désintéressement*. Mieux vaut tard que jamais.

Agréez, etc.

Signé: LOUIS de SAINT-PIERRE, *Député de la Manche.*

P.-S. Je vous engage à faire parvenir directement vos brochures à ceux de mes collègues qui, comme moi, ont voté la gratuité du mandat de Sénateur dans la séance du 26 juillet dernier.

Leurs noms sont à l'*Officiel*, avec la rectification. Le chiffre de cette minorité a atteint 237. Vous pourriez en choisir un certain nombre.

NOMS DES 237 DÉPUTÉS QUI ONT VOTÉ POUR L'AMENDEMENT
DE
M. Louis de SAINT-PIERRE.

MM. Adam (Pas-de-Calais.)
Allenou.
Amy.
Andelarre (marquis d').
André (Seine.)
Anisson-Duperon.
Arfeuillères.
Audren de Kerdrel.
Auxais (d').
Aymé de la Chevrelière.
Babin-Chevaye.
Bagneux (le comte de).
Baragnon.
Bastard (le comte Octave de).
Baucarne-Leroux.
Beauvillé (de).
Benoist d'Azy (le comte).
Bernard-Dutreil.
Béthune (le comte de).
Bienvenüe.
Blavoyer.
Blin de Bourdon (le vicomte),
Boduin.
Boisboissel (le comte de).
Boisse.
Bompard.
Bonald (le vicomte de).
Bondy (le comte de).
Bonnet.
Boreau-Lajanadie.
Bottieau.
Bouillé (le comte de).
Boullier (Loire.)
Boullier de Branche.
Boyer.
Brabant.
Brame (Jules.)
Brettes-Thurin (le comte de).
Broët.
Bryas (le comte de).
Buisson (Jules.) (Aude.)
Callet.
Carayon La Tour (de).
Castellane (marquis de').
Cazeaux (Hautes-Pyrénées.)
Chabaud La Tour (Arthur de).
Chabaud La Tour (général baron de)
Chamaillard (de).
Champvallier (de).
Chaper.
Chatelin.
Chaurand (baron).
Cheguillaume.
Cintré (le comte de).
Clément (Léon.)
Clerq (de).
Colombet (de).
Combier.
Costa de Beauregard (marquis).

MM. Cottin (Paul.)
Courcelle.
Crussol d'Uzès (le duc de).
Daguilhon-Lasselve.
Dampierre (marquis de).
Daru (comte).
Decazes (baron).
Delavau.
Delille.
Delisse-Engrand.
Depasse.
Depeyre.
Desbassayns de Richemont (cᵗᵉ).
Descat.
Diesbach (comte de).
Dompierre-d'Hornoy (amiral de).
Doré-Graslin.
Douay.
Douhet (comte de).
Drouin.
Du Bodan.
Du Breuil de Saint-Germain.
Du Chaffaut (comte).
Dufour.
Dupin (Félix.)
Dupont (Alfred.)
Durfort de Civrac (comte de).
Dussaussoy.
Ernoul.
Flaghac (baron de).
Fleuriot (de).
Fontaine (de).
Fournier (Henri.)
Fresneau.
Galloni d'Istria.
Gaslonde.
Gaulthier de Vaucenay.
Gavardie (de).
Gillon (Paulin.)
Ginoux de Fermon (comte).
Giraud (Alfred.)
Glas.
Godet de la Riboullerie.
Gouvion Saint-Cyr (marquis de).
Grammont (marquis de).
Grange.
Grasset (de).
Gueidan.
Guiche (marquis de la).
Haentjens.
Hamille.
Harcourt (comte d').
Harcourt (duc d').
Haussonville (vicomte d').
Hespel (comte d'(.
Houssard.
Jaffré (abbé).
Jamme.
Jocteur-Monrozier.

MM. Johnston.
Jordan.
Joubert.
Jourdan.
Jouvenel (baron de).
Juigné (omte de).
Juigné (marquis de).
Jullien.
Keller.
Kergariou (comte de).
Kergolay (comte de).
Kéridec (de).
Kermenguy (vicomte de).
La Bassetière (de).
Labitte.
La Bouillerie (de).
Lallié.
Lambert de Sainte-Croix.
La Pervanchère (de).
Larcy (baron de).
La Roche-Aymon (marquis de).
La Rochefoucauld (duc de Bisaccia.)
La Rochejaquelein (marquis de).
La Rochethulon (marquis de).
La Sicotière (de).
Laurier.
Le Chatelain.
Lefèvre-Pontalis (Eure-et-Loir.)
Lefèvre-Pontalis (Seine-et-Oise.)
Legge (comte de).
Legrand (Arthur.)
Le Lasseux.
Lespinasse.
Levert.
Limairac (de) (Tarn-et-Garonne.)
Lorgeril (vicomte de).
Louvet.
Loysel (général).
Lur-Saluces (marquis de).
Maillé (comte de).
Martell (Charente.)
Martin (d'Auray.)
Martin des Pallières (général).
Mathieu-Bodet (Charente.)
Maurice.
Mayaud.
Mazure (général).
Melun (comte de).
Méplain.
Merveilleux du Vignaux.
Mettetal.
Monjaret de Kerjégu.
Monnet.
Montgolfier (de).
Montlaur (marquis de).
Montrieux.
Moreau (Ferdinand).

MM. Mornay (marquis de).
Mortemart (duc de).
Mouchy (duc de).
Murat (comte Joachin).
Nouaillan (comte de).
Pajot.
Parigot.
Partz (marquis de).
Perrier (Eugène).
Peulvé.
Peyramont (de).
Plichon.
Pontoi-Pontcarré (marquis de).
Pouyer-Quertier.
Pradié.
Prêtavoine.
Quinsonas (marquis de).
Rainneville (vicomte de).
Rambures (de).
Raudot.
Ravinel (de).
Rességuier (comte de).
Robert (général).
Rodez-Bénavent (vicomte de).
Rotours (des).
Roys (marquis des).
Sacase.
Saincthorent (de).
Saintenac (vicomte de).
Saint-Germain (de).
Saint-Malo (de).
Saint-Pierre (Louis de) (Manche.)
Saint-Victor (de).
Saisset (vice-amiral).
Sens.
Sers (le marquis de).
Soubeyran (le baron de).
Soury-Lavergne.
Staplande (de).
Taillefert.
Talhouët (le marquis de).
Tallon.
Tarteron (de).
Tréveneuc (comte de).
Valady (de).
Valfons (le marquis de).
Valon (de).
Vandier.
Valchier (le comte de).
Vente.
Vétillart.
Vidal (Saturnin).
Vingtain (Léon).
Vinols (baron de).
Vitalis.
Vogué (marquis de).
Witt (Cornélis de).

DE LA GRATUITÉ
des Mandats
DE
SÉNATEURS & DE DÉPUTÉS
DE SON APPLICATION
à une Œuvre Nationale
appelée à assurer le bien-être
DES
CAMPAGNES

RÉPONSE D'UN PAYSAN
A SES DÉTRACTEURS
SUR SON PROJET

D'ÉTABLIR UNE SOCIÉTÉ DE SECOURS MUTUELS
Entre tous les Propriétaires-Cultivateurs d'un même Département.

Marseille, le 1er Novembre 1875.

MON HONORABLE ET CHER MONSIEUR,

Je ne puis vous exprimer combien je suis sensible au bienveillant intérêt que vous voulez bien porter à ma modeste œuvre de la Gratuité des Mandats de Sénateur et de Député, etc. Je suis très heureux et on ne peut plus reconnaissant de tout ce que vous me dites de flateur à son égard et des attaques dont elle est l'objet.

Je croirais abaisser le prix de vos félicitations et ternir l'éclat de la haute distinction, dont des illustrations civiles et militaires ont daigné l'honorer, si je consentais à m'élever contre ces petits esprits creux, jaloux, routiniers, à courte vue et à intelligence plus courte encore.

Je dois au contraire les remercier de ce que, par leurs critiques acerbes et peu mesurées, il me font estimer du public plus que je ne vaux réellement. Je les laisserai dès lors jouir en pleine paix de cette belle béatitude échue en perspective aux Pauvres d'esprits à qui le Royaume des Cieux est promis.

Je ne m'inquiéterai pas non plus de ce que des ambitieux égoïstes qui, pour favoriser leur ambition outrecuidante froissée par mon opuscule, croient devoir accuser *d'utopisme insensé* le projet de société que je prétends former, avec la gratuité des mandats, entre tous les propriétaires d'un même département.

Réfuter leurs intéressées accusations, serait chose facile, mais peine superflue, autant que vouloir faire pousser l'herbe sur le cratère d'un volcan serait folie et peine de Titan. Au surplus, il serait profondément *incharitable* et peut séant de jeter leurs personnalités prétentieuses dans la confusion, en découvrant à nu leur orgueil, leur égoïsme et leur soif immodérée des honneurs pécuniairement productifs, et en démasquant que tout leur amour pour leur pays, pour leurs concitoyens, est tout entier dans les mandats *rétribués* et non *gratuits* de Sénateur et de Député, et que peu leur importe les souffrances de nos braves et pauvres campagnards mourant, dans leurs chaumières, faute de secours médicaux et pharmaceutiques, pourvu qu'ils aient le gousset bien garni et que, surchargés d'honneur, ils puissent vivre et s'égayer à leurs dépens, en se disant complaisamment dans leur for intérieur, *Peisan Paga, Peisan crida, é n'aoutrès s'amusan.*

Tel est, au fond, le sentiment intime de leur conscience égoïste. Tel est, en outre, le mobile de leurs agapes, de leurs *trinquades* et de leurs *Naquettades* fraternelles.

A leur appel égoïste des mandats rétribués je me contenterai de leur opposer cette humoristique et spirituelle boutade, fort innocente, mais parfaite de vérité et de bons sens du célèbre romancier Alphonse Karr :

« Le Sénat avec traitement, dit il, c'est...c'est...c'est quelques chapelets
« de cervelas dont on augmente la distribution qui sera faite au peuple
« d'Avocats sans talent réel et de Fruits Secs de toutes les professions qui
« demandent au Jeu de la politique ce qu'ils ne veulent ou ne peuvent
« attendre du Travail. »

Est-ce que la véritable intelligence et le talent ne se sont-ils pas toujours faits jour ?

L'Homme de mérite, c'est-à-dire l'homme supérieur n'a-t-il pas toujours trouvé dans notre France généreuse de riches et puissants protecteurs?

L'histoire de nos jours, en mains, n'est-elle pas là pour le prouver ?

Ne nous dit-elle pas que c'est sous le régime du mandat gratuit qu'a apparu sur la France ce splendide météore lumineux ou ces brillantes pléiades d'illustrations parlementaires et d'hommes d'Etat qui, pour la plupart, ont tous des origines et des noms plébéiens : Les Thiers, les Manuel, les Guizot, les Berryer, les Benjamin Constant, les Royer Collard, les Dufaure, les Remusat, les Casimir Périer, les Broglie, les Laffite, les Pasquier, les Lafayette, les Marie, les Passy, les Salvandy, les Lacave Laplagne, les Cunin Gridaine, les Duvergier de Haurane, les Tocqueville, les Daru, les Magne, les Duchatel, etc...

Quand ces hommes illustres ont servi *gratuitement*, en qualité de Pair de France et de Député, la France dans toute sa splendeur, pourquoi aujourd'hui qu'elle est malheureuse et dans la détresse, eux ou leurs dignes descendants ne la serviraient-ils pas avec le même désintéressement ?

Que la France soit en Monarchie ou en République, n'est-ce pas toujours la même France !! N'est-ce pas toujours leur Patrie !!!

Les Illustres et braves Prince de Joinville et Duc d'Aumale ne seront-ils pas les premiers à donner l'exemple de ce beau et noble désintéressement, surtout de ce rare patriotisme dont ils ont fourni, en 1848, le plus éclatant et le plus touchant témoignage possible, en s'exilant volontairement et silencieusement de cette belle terre de France qu'ils avaient arrosée de leur généreux sang et illustrée de leurs glorieux exploits, de cette chère France que la sagesse et l'habileté du Gouvernement de leur Royal et Patriarcal Père avaient rendue si heureuse et si prospère, sous le mandat Gratuit.

Est-ce que la Belgique et l'Italie qui nous entourent, ces deux modèles de gouvernement, où la liberté est plus grande qu'en France, bien qu'elles ne soient pas en République, et où le Peuple et ses Représentants ont moins d'*égoïsme* et plus de *patriotisme* et d'*abnégation*, ne prospèrent pas sous le régime des mandats gratuits de Sénateur et de Député, et plus que la France sous le mandat rétribué?

Le Sénat payé a-t-il empêché l'orgueilleuse Rome de tomber !

N'est-ce pas ce qui a hâté sa décadence et sa chute!!

Ne perdait-elle pas, quelque temps après, avec sa puissance, sa liberté!!!

N'est-il pas à craindre sérieusement pour la France un pareil sort et plus épouvantable encore, puisque le mandat rétribué sans candidature officielle, et le Suffrage Universel sans direction supérieure, joints à la coupable indifférence des Conservateurs à voter, favorisent outre mesure l'arrivée à la Chambre des incapacités, des intrigants, et des ambitieux de bas étage et de tout ce qu'on appelle Intransigeants.

La candidature de l'obscur Barodet triomphant de celle de l'Eminent Homme d'Etat, le très regrettable M. de Remusat et tant d'autres *ejusdem sanguinis* ne doivent-elles pas être pour nous un éloquent enseignement et ne nous font-elles pas avoir le plus triste pressentiment pour l'avenir, si nos hommes d'Etat ne prennent à temps des mesures énergiques autant qu'héroïques.

Que Dieu me garde d'être un prophète de Malheurs, ce que je ne voudrais pas pour tout au monde!!! Néanmoins, je crains de l'être.

La gratuité qui peut nous préserver de cette redoutable éventualité n'a, à proprement dire, pour adversaire sérieux que l'Egoïsme de nos candidats, l'Egoïsme qui est la négation vivante du Républicanisme, l'Egoïsme qui est l'antipode du vrai dévouement à la Chose Publique.

Il sera facile aux campagnes éclairées aujourd'hui, tant sur leurs droits que sur leurs intérêts et sur leur puissance, d'en faire justice dans les prochaines élections. Elles seront d'autant mieux disposées, qu'elles auront sous les yeux l'éloquence brutale des chiffres qui leur démontrera, jusqu'à l'évidence, que la gratuité des mandats électifs pourra leur procurer *gratuitement* les secours médicaux et pharmaceutiques dont elles ont malheureusement un urgent besoin.

En effet, la gratuité des mandats leur donnera : pour le Département des Bouches-du-Rhône, 150 mille francs ; pour les Basses-Alpes, 60 mille ; pour le Var, 90 mille ; pour les Alpes-Maritimes, 70 mille, sommes suffisantes pour couvrir les dépenses du service médical et pharmaceutique de la Société de secours mutuels à créer dans chacun de ces départements.

De quel immense bienfait, l'application de la gratuité à cette œuvre philantropique autant que patriotique, ne doterait-elle pas nos campagnes?

C'est donc à elles à la provoquer par leurs votes et à n'accorder, en conséquence, leurs suffrages qu'aux candidats s'engageant à verser dans la caisse de leur société le montant de l'indemnité allouée aux mandats qu'elles leur confient, jusqu'au jour ou une loi abolira la *rétribution* de leur mandat et décrétera son application officielle.

Que ceux qui n'ont pas les moyens de remplir gratuitement ces mandats sachent avoir le sage patriotisme de modérer leur ambition?

Craignent-ils que la Chose Publique, pour ne les avoir pour représentants, courirait de graves périls? elle n'en courirait pas plus que l'Industrie et le Commerce pour n'avoir pour défenseur de ses intérêts, en qualité d'Industriels et de Commerçants, des Contre-Maîtres et des Commis ambitieux de s'établir qui n'ont pas le capital exigé pour se mettre à la tête d'une Industrie, ou d'une Maison de Commerce ?

Qu'ils sachent donc se contenter de leurs modestes positions actuelles comme le font ces derniers, et le commun des martyrs, jusqu'au jour ou ils auront su acquérir les moyens nécessaires pour donner un cours plus naturel à leur ambitieux dévouement pour l'intérêt public ?

Qui les force absolument à envier ces hautes et lucratives dignités de Sénateur et de Député dont peu sont dignes sous tous les rapports ?

Est-ce le Peuple ?

Est-ce leur consciencieux et désintéressé dévouement à sa cause ? dévouement qui a été toujours un Mythe et qui le sera presque toujours.

Ou bien n'est-ce pas leur *auri sacra fames* et *honorum.*

Quelle abnégation!! Quel patriotique désintéressement.

Dire que ce sont ces seuls sentiments de l'intérêt personnel qui constituent toute leur prétendue Vertu Républicaine.

Qui le croirait à les entendre ? (*pas nos crédules paysans qui s'extasient devant leurs belles et astucieuses paroles et les prennent pour de saints hommes , et de pieux missionnaires de la chose publique ?)*

Pourtant c'est vrai, et c'est malheureusement trop vrai aussi que c'est avec la puissance de cette nouvelle vis d'Archimède et de ce nouveau talisman de l'*égoïsme* ignoré par nos Pères, que nos soi-disants grands Puritains ou Républicains du jour soulèvent et magnétisent les masses ignorantes et aveugles.

Si chacun voulait, à leur exemple, seconder à tout prix l'aspiration de ses désirs ambitieux, qu'adviendrait-il ?

La Révolution et la guerre civile seraient en permanence. Le fameux *Otes-toi que je m'y mette* servirait de prétexte perpétuel à une constante boucherie humaine.

Faut-il donc que pour une poignée de piètres ambitieux égoïstes qui n'ont ni cœur et ni amour de la Patrie, la France entière soit en constante ébullition révolutionnaire ?

Mais France ! ô chère France !! à quoi penses-tu donc ? As-tu donc perdu toute pudeur, tout sens moral, politique et national et toute conscience de ton état critique pour oser, le lendemain de tes sanglantes défaites, le lendemain de ton cruel et douloureux démembrement, alors que ton trésor est vide par les milliards donnés aux Prussiens, soudoyer par de nouveaux honneurs rétribués, afin de les faire arriver au Pouvoir, tes assassins, tes bourreaux, ces prétendus hommes de liberté et de lumières qui t'ont enserrée, un moment, dans l'esclavage et dans les ténèbres, t'ont laissée ensuite, par leur orgueilleuse insuffisance et leur furieuse incapacité, briser comme un vase d'argile et t'ont laissée enfin en prise et en lutte avec les horreurs de la guerre civile.

Ne vois-tu pas déjà les *Intransigeants*, ces apôtres damnés de cette secte infernale rêvant, par leurs doctrines subversives et athéistes, la destruction de leur Société, quitter précipitamment, ayant à leur tête leurs Grands-Prêtes, leurs siéges de Députés, pour s'abattre comme des vautours affamés sur ceux plus lucratifs du Sénat ?

Ne les vois-tu pas, à cet effet, parcourir avec une ardeur *harpagonnique*, les campagnes, les évangéliser et leur prodiguer avec un zèle tout apostolique les plus séduisantes promesses et des *embrassades* à ne plus finir ?

Ne vois-tu pas les nombreuses dupes qu'ils font par leurs perfides prédications ?

Ne vois-tu pas leur audace et leurs espérances augmenter de jour en jour en présence de la coupable indifférence et de la désunion anti-patriotique des Conservateurs ?

Aussi, rayonnants de joie de contempler que leurs troupeaux radicalistes s'accroissent à vue d'œil d'un nombre infini de Néophytes, tous plus audacieux les uns que les autres, ils se montrent pleins de confiance dans le résultat des prochaines élections, et s'attendent d'arriver en grand nombre aux Chambres, grâce à la Rétribution des Mandats et aux discussions byzantines des partis conservateurs. Ils ne dissimulent pas non plus l'espoir d'arriver prochainement au Pouvoir et d'installer aussitôt dans toutes les églises, avec les pompes révolutionnaires usitées, leur idole, leur déesse de la Libre-Pensée ou de l'*Irraison*.

Parvenus au Pouvoir ils se hâteront de faire table rase, une véritable St-Barthélemy de tous les fonctionnaires et employés civils et militaires, et de niveler la Société à leur manière.

Incapables de rien édifier de bon, ils détruiront tout pour donner le spectacle de la nouveauté et pour prouver qu'ils sont capables de quelque chose.

Débordés par les passions des masses avides, ils ne s'arrêteront pas en si bon chemin dans leurs réformes sociales et politiques. Rien ne sera plus sacré pour eux : ni honneur, ni famille et ni Patrie.

Poussés et menacés par leur *dangereuse queue* qui brule de rage de se venger de ses défaites à Paris et à Marseille, ils ne respecteront plus rien absolument, ni âge, ni sexe et pas même les leurs, s'ils ne veulent payer eux-même eux-mêmes têtes leurs hésitations à la satisfaire dans sa rancune sanguinaire. Ils fouleront aux pieds ces maximes sacrées écrites sur le frontispice de la République et qu'ils ne cessent d'invoquer dans tous leurs discours : Liberté, Egalité et Fraternité et les remplaceront sur la tête de leur Marianne par celles-ci : Despotisme, Iniquité, Cruauté.

D'un autre côté voulant asseoir leur tyrannique et despotique domination, ils s'imposeront, aux populations effrayées par les arrestations arbitraires, par la confiscation des biens de tous ceux qui leur paraîtront suspects, par les massacres, par les incendies et par toutes les horreurs révolutionnaires possibles, laissant, par le raffinement de leur cruauté, en arrière celles de 1793 et de 1871. Ils ouvriront, en outre, à l'exemple des Intransigeants Espagnols de Carthagène, les portes de toutes les prisons et de toutes les maisons de corrections, à tous les malfaiteurs qu'elles contiennent, pour s'en faire une véritable cohorte prétorienne, chargée de l'exécution de tous les ordres sanguinaires et barbares.

Chère et malheureuse France ne crains pas que je les calomnie dans leurs sinistres intentions, et dans ses terribles et épouvantables représailles que je leur prête contre les Versaillais et contre les Capitulards, comme ils ont l'imprudence de traiter les conservateurs et nos vaillants et fidèles soldats. Leur langage, leur jactance menaçante, leur forfanterie actuelle dans les réunions privées et intimes en disent plus que moi.

Témoin la Mystifiante et la sanglante réception faite par les *frères* et *amis* de Marseille au plus respectable vétéran que la cause républicaine compte dans le midi, qui s'est vu obligé, dans son dévouement patriotique, de les qualifier d'un tas de Bandits(1). Ce mot sorti de la bouche d'un ancien et honorable Magistrat, de ce vénérable vieillard qui leur a donné tant de gages d'attachement et d'intérêt, ne te dépeint-il pas tout le lugubre avenir qu'ils te préparent.

Témoin encore leur conduite à l'égard d'un personnage non moins éminent et non moins honorable de leur parti qui, dans sa conscience d'honnête républicain, s'est vu forcé par leurs exigences ultrà radicales de donner sa démission de Président du Conseil Général.

Témoin encore leur conduite envers cette grande personnalité républicaine, leur éminent chef d'autrefois, leur idole, le grand orateur Gambetta qui s'est vu traité de *Faux Frère par eux*, parce que, dans son éclairé patriotisme, il s'est efforcé à les rallier à la sagesse de sa modération actuelle, et à la reconnaissance d'une République *rose con-conservatrice*, mais ce n'est pas la leur, la *Rouge sang de Bœuf* qui doit bouleverser et renouveler par le sang la face du monde politique et social.

Tu vois donc, pauvre France, que tous les efforts des personnages les plus élevés de leur parti ne peuvent ramener dans ton bercail ces brebis égarées par les plus mauvaises passions. Tiens-toi donc sur tes gardes à leur égard, veille sur eux des deux yeux. Que ta vigilance et celle de ton Gouvernement soient plus actives que jamais afin de n'être pas surprise par l'explosion de leurs ténébreuses trames, surtout au moment où l'appui de tes plus chers et nobles enfants semblent te faire défaut par leur désunion.

Sache bien que s'ils n'arrivent pas pacifiquement au Pouvoir, ils comptent y arriver par la Révolution, par la Révolution qu'ils feront éclater sur tous les points de ton territoire. Leurs chefs ont pris, à cet effet, dans leurs dernières tournées électorales, toutes les mesures indispensables et toutes les mesures stratégiques pour rendre impuissante l'intervention de tes nombreuses armées.

Ils savent par expérience que si la Révolution qui doit, suivant eux, les amener au Pouvoir, se produisait dans les grands centres, elle serait promptement et énergiquement réprimée par les fortes garnisons dont ils sont pourvus. C'est par les campagnes où ils comptent aujourd'hui de nombreux et dévoués prosélytes qu'ils feront donner le premier signal de soulèvement général, tramé de longue main.

Le danger de la situation est par conséquent tout entier et dans l'habile changement de leur tactique, et dans leur union et leur discipline inébranlable, et dans les campagnes qu'ils sont parvenus à convertir en majeure partie à leur anarchique cause. Les ayant avec eux, ils sont assurés que la révolution s'étendra comme une traînée de foudre dans tous les villages, que les Généraux chargés de la comprimer seront amenés à disperser leurs troupes sur tous les points en sédition, et que, par cette dispersion,

---

(1) Cette qualification d'un *tas de Bandits* quoique démentie par son auteur et atténuée par celle d'un *tas de Badauds*, n'en reste pas moins dans le public comme ayant été prononcée.

ils parviendront à annihiler les efforts les plus héroïques de tes armées qui seront insuffisantes, vu la multiplicité des révoltes à réprimer de part et d'autre.

C'est par cette savante tactique qu'ils espèrent t'affaiblir, te démoraliser et te faire succomber malgré la vaillance de tes Généraux et le courageux dévouement de tes Soldats. Il t'importe donc à tout prix de prendre au plutôt des mesures énergiques propres à déjouer leurs diaboliques plans.

C'est au moment qu'ils te font courir les plus graves périls que tu songes, par un acte de faiblesse inouïe et sans excuse, à faire droit à leurs plaintes en te proposant de supprimer prochainement l'état de siége qui les gêne dans l'exécution de leurs projets subversifs, quand tu dois, au contraire, pour te mettre à l'abri d'une surprise de leur part, exiger que cet état de siége soit étendu dès aujourd'hui à tout département suspect de *grangrène intransigeante*, avec injonction aux Généraux Commandants de créer dans chaque village important un noyau militaire chargé, au prepremier mouvement de rébellion, de le réprimer sans coup férir et sans faire grâce à un seul mutin, de poursuivre la presse et tout individu attaquant ton Gouvernement comme traîtres à la patrie, et de le déférer immédiatement aux tribunaux militaires.

Si tu te trouves dans cette dure et pénible nécessité de prendre des mesures qui te répugnent, quoique l'état de siége ne gêne pas la liberté des honnêtes citoyens, excepté celle des malhonnêtes gens et de la presse incendiaire, à qui la faute?

A l'insouciance coupable, à la désunion anti-patriotique des partis conservateurs, à leur égoïsme, au refus de se grouper en un seul et formidable parti sous l'égide du valeureux patriotisme de l'Illustre Maréchal Mac-Mahon et de son Gouvernement qu'ils devraient de toutes leurs forces soutenir et fortifier par une union aussi inébranlable que celle des ennemis de la Société. S'ils étaient réellement animés de l'amour de la Patrie devraient-ils s'arrêter à ce que ton Gouvernement s'appelle République, ou Monarchie, ou Empire.

France, France, après tant de malheurs que tu as éprouvés, falloir constater que ta situation, malgré tous tes sacrifices, est des plus tendues et des plus critiques, n'est-ce pas le comble de l'infortune? Ne compte pas trop, pour l'amélioration de ton malheureux sort, sur le concours du Ciel, dès que celui sur lequel tu devrais naturellement compter te fait défaut, car Dieu a écrit et à dit à l'homme : Aide-toi, je t'aiderai.

Puisque l'amour de la patrie et de sa grandeur n'a d'autre écho, dans les cœurs endurcis de nos *Intransigeants*, que la haine et l'esprit de vengeance qui les dévorent, et que les plus éloquents efforts faits par les plus hauts et les plus influents personnages de l'Union Républicaine ont été impuissants à les ramener à l'apaisement social, nonobstant la promesse faite d'une amnistie complète pour leurs frères et amis de la Calédonie.

Puisque d'un autre côté les partis conservateurs assurent, par leurs divisions *impatriotiques*, les progrès de la Révolution, et que, par leurs convoitises égoïstes du Pouvoir, ils paraissent peu disposés à s'entendre et à te prêter en conséquence le puissant appui de leur intime union contre l'ennemi commun, il ne te reste d'autres moyens, si tu veux échapper à une ruine certaine et peu éloignée, que de conjurer le Gouvernement de l'Illustre Mac-Mahon de t'accorder le courageux appui de son éclairé patriotisme et de son noble et ferme dévouement à ta cause, en provoquant auprès de l'Assemblée Nationale la mesure militaire précisée.

Oui ! France : Je te le dis, je te le dis en vérité, *amen dico tibi*, ton salut est tout entier dans une loi décrétant de la mise immédiate de l'état de siége dans tous les départements suspects de Révolutionnarisme, pendant le temps de l'agitation électorale jusqu'au jour de la réunion des deux chambres, et de la traduction, devant les tribunaux militaires, de la presse et de tout citoyen attaquant ton gouvernement actuel et *imposant*, en outre, le silence à tous les partis.

Toi, parti Conservateur, par ta désunion *criminelle*, qui ne peut être qualifiée qu'ainsi, en présence des progrès du parti du désordre, quelle terrible responsabilité n'assumeras-tu pas devant l'histoire et devant les tiens ! Tu seras moralement et personnellement responsable de tous les nouveaux malheurs qui pourront ensanglanter la France, et de tout le sang fratricide versé.

Pour te soustraire à une responsabilité aussi capitale, hâte-toi, il en est temps encore, de faire, devant les périls imminents que court la Patrie, le sacrifice de tes préférences politiques et d'unir, en conséquence, vigoureusement tes forces à celles du Gouvernement de l'illustre Mac-Mahon pour combattre, avec lui, l'esprit anarchique qui tend à envahir les classes ignorantes et une partie des rurales.

Au nom de tes jours, au nom de ceux de ta famille en danger, au nom de tout ce que tu as de plus sacré, n'hésite pas un seul moment à faire ce *patriotique* sacrifice à la France.

Si tu tiens à ton triomphe dans les prochaines élections, n'hésite pas également à faire en même temps l'acte de désintéressement dont je t'ai entretenu dans ma première brochure de gratuité et dans les premières pages de celle-ci.

Note bien que la gratuité du mandat te dotera de deux grands et inappréciables services dont la portée politique et philanthropique sera immense.

Par la gratuité elle-même des mandats tu seras assuré d'empêcher les Intrigants *communards* d'arriver en nombre aux Chambres.

Par son application à l'œuvre nationale des Campagnes, tu gratifieras celles-ci des bienfaits les plus précieux, c'est ainsi que tu pourras les arracher des mains de tes vindicatifs ennemis, te les concilier et obtenir leurs suffrages.

Fais toutes diligences possibles pour leur donner au plutôt ce témoignage palpable d'attachement et d'intérêt.

Si tu ne fais rien pour elles, elles ne feront rien pour toi, sache-le bien.

Si tu as l'air de les dédaigner, elles te paieront de la même monnaie, sois en sûr.

Natures bonnes, pleines de cœur et de générosité, elles seront heureuses de te rendre au centuple ce que tu feras pour elles.

Et vous, Chères Campagnes, sachez aussi que vous serez les premières à vous repentir, ce sera peut-être trop tard, de votre débonnaire complaisance à vous être laissées séduire par les hypocrites caresses de ces modernes Judas. Vous serez les premières victimes de la Révolution. Vos économies, vos biens, vos femmes, vos filles feront les premiers frais de ces fêtes de sang et de feu que nos révolutionnaires, dans leurs préférences intimes pour vous, veulent commencer d'inaugurer dans vos villages, avec toute la terreur possible. C'est vous donc qui serez les premières dupes et qui acquitterez les dépenses de toutes leurs bacchanales, de toutes leurs saturnales et de toutes leurs folies révolutionnaires.

A vous voir dans votre œuvre de sympathie pour eux, on dirait que vous n'avez plus souvenance de cette date frémissante de 1871, époque à laquelle vos soi-disants meilleurs amis changeaient, par leurs crimes et leurs forfaits, la face de ce beau Paris qu'ils aimaient tant (Incendie, Arrestations, Fusillade, ils n'économisaient aucune terreur pour asseoir leur tyrannique et despotique domination).

Cet exemple navrant de leur perfidie, de leur scélératesse vous dit le cruel avenir qu'ils vous réservent au milieu de leur amour pour vous, si vous ne cessez immédiatement de leur donner l'hospitalité. C'est le loup cervier, affamé de sang, dans la bergerie, ni plus, ni moins.

Ainsi je vous le dis et je vous le dis en vérité, ils vous réservent le même sort qu'à Paris, car leurs plans destructeurs ne peuvent réussir qu'avec votre connivence et votre appui. Tout votre salut, Chères Campagnes, votre tranquillité, votre bien-être et votre prospérité seront dans votre union à la cause de l'ordre et dans votre confiance au Gouvernement de l'Illustre Maréchal Mac-Mahon qui peut, seul, vous préserver des événements sanglants dont vos villages seront infailliblement le théâtre, si les Intransigeants parviennent au Pouvoir.

Bon nombre d'amis me blâment de la hardiesse et de la témérité que j'ai d'écrire de pareilles vérités et disent que je joue *gros jeu*.

Est-ce jouer *gros jeu* en cherchant à défendre de ses infimes efforts sa patrie, son honneur, son repos et sa grandeur ?

Ceux qui, par leur lâche indifférence et leur insouciance coupable, encouragent les progrès du mal ne jouent-ils pas plus *gros jeu* que moi.

Si la patrie vient à succomber pour ne pas l'avoir défendue, ils seront, eux, les premières victimes, car la lâcheté a été toujours flétrie et punie, tandis que le courage a trouvé souvent grâce devant l'ennemi qui l'a admiré. Quoiqu'il en soit, mourir en combattant pour sa patrie et pour les siens, n'est-ce pas une mort plus honorable et plus glorieuse que celle de mourir en ayant fui et en désertant le champ d'honneur ?

Après avoir parfaitement élucidée, ce me semble, cette question si controversée de la *gratuité* et après avoir fait connaître ses bienfaitrices conséquences, les espérances, les trames des Instransigeants et les mesures à prendre pour déjouer toute surprise révolutionnaire de leur part, il ne me reste plus à réfuter que l'accusation d'*Utopisme effronté et insensé* dont mes détracteurs personnellement et politiquement intéressés ont frappé mon projet de Société de secours mutuels.

Il ne me sera pas difficile de faire cette réfutation, et de démontrer en même temps toute la légèreté de leurs accusations et tout ce que leur jugement a de faux et même de malveillant pour moi.

Je ne m'étayerai pas pour cela à faire sur la haute approbation que mon projet a reçu de la part de personnes éminemment compétentes et versées dans la science, de l'économie politique et sociale, mais sur les données claires et précises que je vais établir par les principales bases de l'organisation de ma société, données, qui, je l'espère, ne laisseront plus une ombre de doute sur les moyens pratiques aussi bien qu'ingénieux de mon projet qui est en tous points réalisable, si le Gouvernement éclairé de l'Illustre Président de la République, daigne m'accorder son haut et puissant appui et les hommes de bien et de cœur leur influent et dévoué concours.

Cette Société qui aura son siége principal au chef-lieu de chaque département, sera calquée sur la composition politique et administrative de la France et aura, par conséquent, autant de Comités *Communaux* ou *Caisses particulières* qu'il y a de *Communes*, et autant de Comités *Cantonaux* et d'*Arrondissement* qu'il y a de *Cantons* et d'*Arrondissements*.

Tous ces comités, ayant des attributions bien distinctes, relèveront d'un Comité Central qui a pour but de centraliser fictivement toutes les opérations financières de la Société, à l'effet de venir en aide à l'insuffisance des Caisses Particulières aux Comités Communaux dont les dépenses excéderont les recettes et de donner une direction unique aux divers comités. Le Comité Central sera donc seul chargé de faire chaque année à l'autorité supérieure, le compte-rendu exigé par l'article 13 du décret.

Pour assurer sa pleine prospérité et pour qu'elle soit en parfaite harmonie avec la division adoptée et décrite ci-dessus, cette Société devra se composer :

1° De Fondateurs à titres divers et à cotisations graduées : Fondateurs départementaux (200). Fondateurs d'arrondissement (100). Fondateurs cantonaux (50). Fondateurs municipaux (30). Ces fondateurs sont appelés, ainsi que l'indique le titre, à fournir les premiers fonds de la Société ;

2° De Sociétaires participants seuls au bénéfice de l'association, 0,05 cent. par jour ou 1 fr. 50 par mois, somme qui pourra être réduite plus tard à 1 fr. par mois. Tout propriétaire-cultivateur, électeur, pourra être sociétaire ;

3° De Membres honoraires ou associés libres (20 fr. par an).

Les membres des Comités Cantonaux qui seront, non compris les visiteurs, au nombre de 6 : (1 Président, 1 Vice-Président, 2 Administrateurs, 1 Secrétaire, 1 Trésorier, seront pris : 2|3 parmi les Sociétaires et l'autre tiers parmi les membres honoraires et devront être élus à la majorité des suffrages). Ce comité sera seul chargé d'opérer le recouvrement des cotisations et des amendes, et de payer les dépenses après ordonnancement par le Comité Central.

Les membres des Comités Cantonaux seront pris parmi les fondateurs d'Arrondissement et élus par les membres des Comités Communaux.

Les membres du Comité Central, pris parmi les fondateurs départementaux, seront élus par les Présidents des Comités Communaux, Cantonaux et d'Arrondissement.

Pour être élus membres de ces derniers Comités (Cantonaux, d'Arrondissement et Central), il faudra joindre à son titre de fondateur celui de membre honoraire payant régulièrement la cotisation annuelle de 20 fr.

Les Présidents des Comités Communaux seront nommés par MM. les Préfets ; ceux des Comités Cantonaux et d'Arrondissement par M. le Ministre, et celui du Comité Central, qui devra résider au chef-lieu du département, par M. le Président de la République.

Telles sont *grosso-modo* les principales bases de l'organisation de cette Société. Par cette analyse succincte et très sommaire, il ne sera pas difficile à l'homme tant soit peu intelligent, à moins qu'il ne soit tout à fait obtus, de se rendre compte du mécanisme et du rouage pratique de mon projet, et de se convaincre au surplus de tout ce qu'il y a de léger et d'irréfléchi dans cette accusation d'*Utopisme effronté* et *insensé* dont mes détracteurs se sont évertués à le décorer.

Après ces explications si nettes et si lucides et mes lecteurs étant parfaitement convaincus que mon projet est *praticable*, et des services signalés qu'il peut rendre à nos malheureuses campagnes par sa réalisation, il ne me reste plus qu'à solliciter le haut et puissant patronage du Gouvernement et celui non moins puissant de toutes les personnes sincèrement dévouées au bien public, pour voir mon œuvre promptement établie dans chaque département.

Une fois le nombre de fondateurs, des adhérents participants et des membres honoraires m'étant connus, et sachant les campagnes résolues à n'accorder leurs suffrages qu'aux candidats Sénateur et Député acceptant le mandat gratuit, et ayant, en outre, l'appui du Gouvernement, il me sera facile d'organiser cette Société dans chaque département du Midi.

En attendant, je prie vivement et chaleureusement tous les gens de cœur et de bien, notamment ceux à qui j'ai eu et ai l'honneur d'adresser gratuitement mes brochures, de vouloir bien, par patriotisme et par philantropisme, me prêter leur influent et désintéressé concours pour me trouver le plus grand nombre possible de souscripteurs, afin que je puisse poursuivre avec une complète assurance de succès, la réalisation de ma colossale œuvre appelée, à doter nos populations agricoles des bienfaits les plus précieux, et pour que je soumette, en conséquence, les statuts que j'ai entièrement élaborés, à la haute sanction de MM. les Ministres de l'Intérieur, de l'Agriculture et du Commerce.

Veuillez agréer, mon honorable et cher Monsieur, avec mes remercîments, l'hommage de ma sympathique et affectueuse estime,

E. IMBERT.

BUT DE LA SOCIÉTÉ

DE

SECOURS MUTUELS

ENTRE

LES PROPRIÉTAIRES-CULTIVATEURS

d'un même Département.

Cette Société a pour but :

1° De faire parvenir promptement, jusques dans les chaumières les plus isolées et les plus éloignées, les *secours médicaux et pharmaceutiques* dont la majeure partie des campagnes a été malheureusement privée jusqu'à ce jour et de faire établir à cet effet, dans chaque hameau où il y aura un curé ou un instituteur, *une boîte de pharmacie*, pour qu'à l'arrivée du médecin, appelé en toute hâte, ce praticien puisse immédiatement appliquer le remède spécifique au mal ;

2° D'allouer au Sociétaire malade un secours pendant toute la durée de sa maladie, afin que ses travaux ne soient jamais en souffrance et ni interrompus, et une indemnité à tout Sociétaire qui perdrait sa *bête de somme* ou de *trait*, le compagnon indispensable et inséparable de ses fatigues, dont la perte est souvent pour lui un objet de gêne et même une cause de misère ;

3° De gratifier, tous les deux ans, d'une prime le Sociétaire qui aurait fait faire à l'agriculture de sa commune de réels progrès et l'Instituteur qui aurait contribué à ces progrès en ouvrant, le dimanche, un cours élémentaire d'*agriculture*, d'*hygiène* et de *droit usuel*, dont les plus simples notions même sont inconnues de nos paysans ;

4° D'accorder une prime de 100 fr. au Sociétaire ayant cinq enfants, toutes les fois qu'il verrait sa famille augmenter d'un membre de plus, famille que le Gouvernement, dans sa haute sollicitude, devrait au surplus, à l'exemple de celui de la Belgique et de son Roi, prendre sous sa protection et lui accorder non-seulement l'instruction gratuite, mais encore la décharge de toute espèce d'impôts fonciers en faisant reposer cette charge sur le célibat ;

N'est-il pas souverainement juste et équitable que celui qui ne peut aider la patrie de ses nombreux bras, comme le fait le père de cette nombreuse famille, l'aide au moins de ses deniers ?

La reproduction de la famille ne constitue-t-elle pas une branche de la régénération sociale, surtout à présent, où *n'avoir plus qu'un enfant* est devenu une affligeante spéculation d'égoïsme et où être *célibataire* est devenu un honteux et immoral calcul? Une raison d'État jointe à une grave raison morale ne devrait-elle pas amener le Gouvernement à prendre des mesures nécessaires, propres à atténuer les progrès de cette nouvelle lèpre sociale ?

5° D'allouer une pension à la vieillesse et aux invalides agricoles et une médaille d'encouragement à la jeunesse agricole des deux sexes qui se serait fait remarquer par sa bonne conduite et son attachement aux travaux des champs ;

6° D'établir, dans chaque commune, un comité qui, étant chargé de veiller à l'exécution des statuts de la Société, aurait en même temps la mission de concilier, autant que faire se pourrait, toutes les affaires litigieuses entre sociétaires, de manière à leur éviter les frais ruineux d'un procès et les conséquences non moins déplorables. Je veux parler de cette haine, de cette vengeance implacable qui animent toujours la partie lésée et qui souvent se transmettent de père en fils.

Marseille. — Imp. et Stéréotypie du Petit Marseillais, quai du Canal, 15.

www.ingramcontent.com/pod-product-compliance
Lightning Source LLC
Chambersburg PA
CBHW060720280326
41933CB00012B/2502